欽定四庫全書　　集部十

片玉詞　　詞曲類一　詞集之屬

提要

臣等謹案片玉詞二卷補遺一卷宋周邦彥撰邦彥字美成錢塘人元豐中獻汴都賦召為大樂正徽宗朝仕至徽猷閣待制出知順昌府徙處州卒自號清真居士宋史文苑傳云邦彥疎雋少檢不為州里推重好音樂能

自度曲製樂府長短句詞韻清蔚宋史藝文志載清真居士集十一卷蓋其詩文全集久已散佚其附載詩餘與否不可復考陳振孫書録解題載其詞清真集二卷後集一卷此編名曰片玉據毛晉跋稱為宋時刊本所題原作二卷其補遺一卷則晉據各選本成之疑舊本二卷即所謂清真集晉所掇拾乃其後集所載也卷首有強煥序與書録解題所

傳合其詞多用唐人詩句檃括入調渾然天成長篇尤富艷精工善於鋪敘陳郁藏一話腴謂其以樂府獨步貴人學士市儇妓女皆知其詞為可愛非溢美也又邦彥本通音律下字用韻皆有法度故方千里和詞一一按譜填腔不敢稍失尺寸今以此集互校如隔浦蓮近拍金丸落驚飛鳥句毛本注云按譜此處宜三字二句然千里詞作夷猶終日魚

鳥則周詞本是金丸落驚飛鳥非三字二句
又荔枝香近看兩兩相依燕新乳句止八字
千里詞作深澗斗瀉飛泉洒甘乳句凡九字
觀柳永吳文英二集此調亦俱作九字句不
得謂千里為誤則此句尚脫一字又玲瓏四
犯細念想夢魂飛亂句七字毛本因舊譜誤
脫細字遂注曰按譜宜是六言不知千里詞
正作顧鬢影翠雲零亂七字則此句細字非

衍文又西平樂爭知向此征途區區佇立塵沙二句共十二字千里和云流年迅景霜風敗葦驚沙止十字則此句實誤衍二字至於蘭陵王尾句似夢裏淚暗滴六仄字成句觀史達祖此句欲下處似認得亦止用六仄字可以互証毛本乃於夢字增一魂字作七字句尤為舛誤今並釐正之又據書録解題有曹杓字季中號一壺居士者曾注清真詞二

卷今其書不傳云乾隆四十六年十月恭校

上

總纂官臣紀昀臣陸錫熊臣孫士毅

總校官臣陸費墀

片玉詞序

文章政事初非兩塗學之優者發而為政必有可觀政有其暇則遊藝於詠歌者必其才有餘刃者也溧水為負山之邑官賦浩穰民訟紛沓似不可以絃歌為政而待制周公元祐癸酉春中為邑長于斯其政敬簡民到于今稱之者固有餘愛而其尤可稱者於撥煩治劇之中不妨舒嘯一觴一詠句中有眼膾炙人口者又有餘聲聲洋洋乎在耳則其政有不亡者存余慕周公之才

名有年于茲不謂於八十餘載之後踵公舊蹤旣喜而且媿故自到任以來訪其政事於所治後圃得其遺致有亭曰姑射有堂曰蕭閒皆取神仙中事揭而名之可以想像其襟抱之不凡而又覩新綠之池隔浦之蓮依然在目抑又思公之詞其撫寫物態曲盡其妙方思有以發揚其聲之不可忘者而未能及乎暇日從容式燕嘉賓歌者在上果以公之詞為首唱夫然後知邑人愛其詞乃所以不忘其政也余欲廣邑人愛之之意故裒

公之詞旁搜遠紹僅得百八十有二章釐為上下卷迺輟俸餘鳩工鏝木以壽其傳非惟慰邑人之思亦蘄傳之有所托俾人聲其歌者足以知其才之優於為邑如此故冠之以序而述其意云公諱邦彥字美成錢塘人也淳熙歲在上章困敦孟陬月圍赤奮若晉陽强煥序

欽定四庫全書

片玉詞卷上

宋　周邦彦　撰

瑞龍吟

章臺路還見褪粉梅梢試華桃樹愔愔坊陌人家定巢燕子歸來舊處　黯凝佇因記箇人癡小乍窺門户侵晨淺約宮黄障風映袖盈盈笑語　前度劉郎重到訪鄰尋里同時歌舞唯有舊家秋娘聲價如故吟牋賦筆

猶記燕臺句知誰伴名園露飲東城閒步事與孤鴻去探春盡是傷離意緒官柳低金縷歸騎晚纖纖池塘飛雨斷腸院落一簾風絮

按此調自章臺路至歸來舊處是第一段自黯凝佇至盈盈笑語是第二段此謂之雙拽頭屬正平調自前度劉郎以下即犯大石係第三段至歸騎晚以下四句再歸正平坊刻皆于聲價如故分段者非　侵晨淺約宮黃或作宮粧非攷梁簡文詩約黃能效月　李賀詩宮人面靨黃　猶記燕臺句或作蘭臺句非攷李義山柳枝詩序云柳枝洛中里娘也年十七不聘余從昆讓山比柳枝居為近他日春陰讓山下馬柳枝南柳下詠余燕臺詩柳枝驚問誰人為是讓山曰此吾少年叔耳柳枝手斷長帶結讓山為贈叔乞詩明日予策馬出其巷柳枝丫鬟畢粧抱立扇下風障一袖指曰若叔是後三日隣當去

濺裙水上以博
山香侍與郎俱

風流子

楓林凋晚葉關河迥楚客慘將歸望一川暝靄雁聲哀
怨半規涼月人影參差酒醒後淚花銷鳳蠟風幙卷金
泥砧杵韻高喚回殘夢綺羅香減牽起餘悲　亭皐分
襟地難堪處偏是掩面牽衣何況怨懷長結重見無期
想寄恨書中銀鉤空滿斷腸聲裏玉筯還墜多少暗愁
密意唯有天知

又

新綠小池塘風簾動碎影舞斜陽羡金屋去來舊時巢燕土花繚繞前度莓牆繡閣裏鳳幃深幾許聽得理絲簧欲説又休慮乖芳信未歌先噎愁轉清商　遥知新粧了開朱户應自待月西廂最苦夢魂今宵不到伊行問甚時却與佳音密耗寄將秦鏡偷換韓香天便教人霎時廝見何妨　寄將秦鏡偷換韓香一作秦女韓郎非攷賈充女悦韓壽美姿遂通焉竊奇香以與壽樂府云盤龍明鏡餉秦嘉辟惡生香寄韓壽美成全用此作對

華胥引

川原澄映煙月冥濛去舟似葉岸足沙平蒲根水冷留雁唼別有孤角吟秋對曉風嗚軋紅日三竿醉頭扶起還怯　離思相縈漸看看鬢絲堪鑷舞衫歌扇何人輕憐細閱點撿從前恩愛鳳牋盈篋愁剪燈花夜來和淚雙疊　舞衫歌扇一作舞靴非魏詩云舞衫飄細縠歌扇掩輕紗

意難忘

衣染鶯黃愛停歌駐拍勸酒持觴低鬟蟬影動私語口

脂香簷露滴竹風涼拚劇飲淋浪夜漸深籠燈就月子細端相　知音見說無雙解移宮換羽未怕周郎長顰知有恨貪耍不成粧些箇事惱人腸試說與何妨又恐伊尋消聽息瘦損容光未怕周郎一作江郎非攷周瑜少精音樂雖三爵之後其有闕誤瑜必知之必顧故時人語云曲有誤周郎顧

宴清都

地僻無鐘鼓殘燈滅夜長人倦難度寒吹斷梗風翻暗雪灑窗填户賓鴻漫說傳書算過盡千儔萬侶始信得

庾信愁多江淹恨極須賦　淒涼病損文園徽絃乍拂音韻先苦淮山夜月金城暮草夢魂飛去秋霜半入清鏡歎帶眼都移舊處更久長不見文君歸時認否

蘭陵王　柳

柳陰直煙裏絲絲弄碧隋堤上曾見幾番拂水飄綿送行色登臨望故國誰識京華倦客長亭路年去歲來應折柔條過千尺　閒尋舊蹤跡又酒趁哀絃燈照離席梨花榆火催寒食愁一箭風快半篙波暖回頭迢遞便

數驛望人在天北　悽惻恨堆積漸别浦縈迴津堠岑
寂斜陽冉冉春無極念月榭攜手露橋聞笛沉思前事
似夢裏淚暗滴

鏁窗寒 寒食

暗柳啼鵶單衣竚立小簾朱户桐陰半畆靜鏁一庭愁
雨灑空堦夜闌未休故人剪燭西窗語似楚江暝宿風
燈零亂少年羇旅　遅莫嬉遊處正店舍無烟禁城百
五旗亭喚酒付與高陽儔侶想東園桃李經春小唇秀

釂今在否到歸時定有殘英待客攜罇俎時刻或于遲畀下分段

隔浦蓮近拍 中山縣圃姑射亭避暑作

新篁搖動翠葆曲徑通深窈夏果收新脆金丸落驚飛鳥濃靄迷岸草蛙聲鬧驟雨鳴池沼水亭小　浮萍破處簾花簷影顛倒綸巾羽扇困臥北窗清曉屏裏吳山夢自到驚覺依前身在江表時刻或于沼池下分段　金丸落驚飛鳥一作金丸落飛鳥注引李賀詩云間把金丸落飛鳥按譜第四句第五句皆三字宜作金丸落驚飛鳥攷韓嫣好彈以金為丸打飛鳥一日所失十餘人爭拾之時人為之語曰若飢寒逐金丸簾花簷影一作簷花簾影杜子美詩云燈前細雨簷花落

蓋簷前雨映燈光如花爾或改簷前細雨燈花落便無致味周美成用簷花苕溪漁隱病其與本意未合花菴詞選作簾花簷影今從之

蘇幕遮

燎沉香消溽暑鳥雀呼晴侵曉窺簷語葉上初陽乾宿雨水面清圓一一風荷舉　故鄉遙何日去家住吳門久作長安旅五月漁郎相憶否小檝輕舟夢入芙蓉浦

早梅芳近

譜無近字

花竹深房櫳好夜閒無人到隔窗寒雨向壁孤燈弄餘

照淚多羅袖重意密鬧聲小正魂驚夢怯門外已知曉
去難留話未了早促登長道風披宿霧露洗初陽射
林表亂愁迷遠覽苦語縈懷抱漫回頭更堪歸路杳
又
繚牆深叢竹繞宴席臨清沼微呈纖履故隱烘簾自嬉
笑粉香粧暈薄帶緊腰圍小看鴻驚鳳翥滿座歎輕妙
酒醒時會散了回首城南道河陰高轉露脚斜飛夜
將曉異鄉淹歲月醉眼迷登眺路迢迢恨滿千里草

四園竹

浮雲護月未放滿朱扉鼠摇暗壁螢度破窻偷入書幃秋意濃閒竚立庭柯影裏好風襟袖先知　夜何其江南路繞重山心知漫與前期奈向燈前墮淚腸斷蕭娘舊日書辭猶在紙雁信絶清宵夢又稀

驀山溪

湖平春水藻荇縈船尾空翠撲衣襟拊輕榔遊魚驚避晚來潮上迤邐没沙痕山四倚雲漸起鳥度屏風裏

周郎逸興黃帽侵雲水落日媚滄洲泛一棹夷猶未已
玉簫金管不共美人遊因箇甚煙霧底偏愛蓴羹美

側犯

暮霞霽雨小蓮出水紅粧靚風定看步韈江妃照明鏡
飛螢度暗草秉燭遊花徑人靜攜豔質追涼就槐影
金環皓腕雪藕清泉瑩誰念省滿身香猶是舊荀令見
說胡姬酒爐寂靜煙鎖漠漠藻池苔井誰念省滿身香猶是舊荀令或作舊時令非故荀令今年十五體能生香擬國婚之選不欲連姻帝室遠適長沙故李端贈郭駙馬詩云焚香荀

令偏怜小　見説胡姬酒壚寂靜或作文姬非弦辛延
年詩云昔有霍家奴姓馮名子都依倚將軍勢調笑酒
家胡胡姬年十五春日獨當壚長裾連理帶
廣袖合歡襦左傳注胡姬乃齊景公妾也

齊天樂

綠蕪凋盡臺城路殊鄉又逢秋晚暮雨生寒鳴蛩勸織
深閣時聞裁剪雲窗靜掩嘆重拂羅裀頓疎花簟尚有
練囊露螢清夜照書卷　荆江留滯最久故人　相望處
離思何限渭水西風長安亂葉空憶詩情宛轉凭高眺
遠正玉液新篘蟹螯初薦醉倒山翁但愁斜照斂

荔枝香近

照水殘紅零亂風喚去盡日惻惻輕寒簾底吹香霧黄昏客枕無憀細響當窗雨看兩兩相依燕新乳樓下水漸渌遍行舟浦暮往朝來心逐片颿輕擧何日迎門小檻朱籠報鸚鵡如今誰念淒楚清真集作共翦西窗蜜炬

又

向夜寒侵酒席露微泫舄履初會香澤方熏無端暗雨

催人但恠燈偏簾卷回顧始覺驚鴻去遠　大都世間最苦唯聚散到得春殘看即是開離宴細思别後柳眼花鬚更誰剪此懷何處消遣

水龍吟　梨花

素肌應怯餘寒豔陽占立青蕪地樊川照日靈關遮路殘紅斂避傳火樓臺妬花風雨長門深閉亞簾櫳半溼一枝在手偏勾引黄昏淚　别有風前月底布繁陰滿園歌吹朱鉛退盡潘妃却酒昭君乍起雪浪翻空粉裳

縞夜不成春意恨玉容不見瓊英漫好與何人比

六醜 薔薇謝後作

正單衣試酒恨客裏光陰虛擲願春蹔畱春歸如過翼一去無迹為問花何在夜來風雨葬楚宮傾國釵鈿墮處遺香澤亂點桃蹊輕翻柳陌多情最誰追惜但蜂媒蝶使時叩窻槅東園岑寂 漸朦朧暗碧靜遶珍叢底成歎息長條故惹行客似牽衣待話别情無極殘英小强簪巾幘終不似一朶釵頭顫裊向人欹側漂流處莫

趂潮汐恐斷鴻尚有相思字何由見得或于時叩窗楄分段字句稍異

恐斷鴻尚有相思字或作恐斷紅上有相思字非詩云來春縱有相思字三月天南斷雁飛

塞垣春

莫色分平野傍葦岸征帆卸煙深極浦樹藏孤館秋景如畫漸別離氣味難禁也更物象供瀟灑念多才渾衰減一懷幽恨難寫　追念綺窗人天然自風韻閒雅竟夕起相思漫嗟怨遙夜又還將兩袖珠淚沈吟向寂寥寒燈下玉骨為多感瘦來無一把

掃花遊 清真集作掃地花

曉陰翳日正霧靄煙橫遠迷平楚暗黃萬縷聽鳴禽按曲小腰欲舞細遶回堤駐馬河橋避雨信流去一葉怨題今到何處　春事能幾許任占地持盃掃花尋路淚珠濺俎嘆將愁度日病傷幽素恨入金徽見說文君更苦黯凝竚掩重關徧城鐘鼓

夜飛鵲 別情

河橋送人處良夜何其斜月遠墮餘輝銅盤燭淚已流

盡霏霏凉露霑衣相將散離會探風前津鼓樹杪參旗花驄會意縱揚鞭亦自行遲　迢遞路回清野人語漸無聞空帶愁歸何意重經前地遺鈿不見斜逕都迷兎葵燕麥向殘陽影與人齊但徘徊班草欷歔酹酒極望天西

兎葵燕麥或作菟葵非劉禹錫自遠州承召過玄都觀後復主客郎中重遊玄都惟兎葵燕麥揺動春風耳　但徘徊班草或作青草非王介甫詩云班草數行衣上淚與班荊同義

滿庭芳 夏日溧水無想山作

風老鶯雛雨肥梅子午陰佳樹清圓地卑山近衣潤費

爐煙人靜烏鳶自樂小橋外新淥濺濺凭欄久黃蘆苦
竹擬泛九江船　年年如社燕飄流瀚海來寄脩椽且
莫思身外長近罇前顦顇江南倦客不堪聽急管繁絃
歌筵畔先安枕簟容我醉時眠

花犯 詠梅

粉牆低梅花照眼依然舊風味露痕輕綴疑淨洗鉛華
無限佳麗去年勝賞曾孤倚氷盤同燕喜更可惜雪中
高樹香篝薰素被　今年對花最匆匆相逢似有恨依

依愁顇吟望久青苔上旋看飛墜相將見脆圓薦酒人正在空江煙浪裏但夢想一枝瀟灑黃昏斜照水

大酺 春雨

對宿煙收春禽靜飛雨時鳴高屋牆頭青玉旆洗鉛霜都盡嫩梢相觸潤逼琴絲寒侵枕障蟲網吹粘簾竹郵亭無人處聽簷聲不斷困眠初熟奈愁極頻驚夢輕難記自憐幽獨　行人歸意速最先念流潦妨車轂怎奈向蘭成顦顇樂廣清羸等閒時易傷心目未怪平陽客

雙淚落笛中哀曲況蕭索青蕪國紅糝鋪地門外荆桃如菽夜遊共誰秉燭怎奈向蘭成顦顇蘭成庾信小字一作蘭臺非

霜葉飛

露迷衰草踈星掛涼蟾低下林表素娥青女鬭嬋娟正倍添悽悄漸颯颯丹楓撼曉橫天雲浪魚鱗小見皓月相看又透入清輝半餉特地留照 迢遞望極關山波穿千里度日如歲難到鳳樓今夜聽秋風奈五更愁抱想玉匣哀絃閉了無心重理相思調念故人牽離恨屏

掩孤顰淚流多少

法曲獻仙音

蟬咽涼柯燕飛塵幙漏閣籤聲時度倦脫綸巾困便湘竹桐陰半侵庭户向抱影凝情處時聞打窻雨耿無語歎文園近來多病情緒嬾罇酒易成間阻縹緲玉京人想依然京兆眉嫵翠幙深中對徽容空在紈素待花前月下見了不教歸去

或于時聞打窻雨下分段漏閣籤聲時度或作滿閣非雜人掌銅漏傳籤于殿中者令投籤于階上使鎗然有聲漏籤乃籌箭也　對徽容空在紈素或作嫰容非崔徽善

歌舞慕敬中畫其形容

渡江雲

晴嵐低楚甸暝迴雁翼陣勢起平沙驟驚春在眼借問何時委曲到山家塗香暈色盛粉飾爭作妍華千萬絲陌頭楊柳漸漸可藏鴉　堪嗟清江東注畫舸西流指長安日下愁宴闌風翻旗尾潮濺烏紗今宵正對初弦月傍水驛深艤蒹葭沉恨處但時時頻剔燈花或作銀花非吳融剪刀賦鶯聲轉曉畫眉而頻剔燈花

應天長 寒食

條風布暖霏霧弄晴池臺徧滿春色正是夜堂無月沉沉暗寒食梁間燕社前客似笑我閉門愁寂亂花過隔院芸香滿地狼籍 長記那回時邂逅相逢郊外駐油壁又見漢宮傳燭飛煙五侯宅青青草迷路陌強載酒細尋前迹市橋遠柳下人家猶自相識 坊刻或遺條風至正是二十字

玉樓春 按譜木蘭花令實是一調又如滿庭芳與鏁陽臺蘓幕遮與鬢雲鬆令之類俱同調而異名前後錯見姑仍之

當時攜手城東道月墮簷牙人睡了酒邊誰使客愁輕帳底不教春夢到　别來人事如秋草應有吳霜侵翠葆夕陽深鏁綠楊門一任盧郎愁裏老盧郎一作庾郎非攷盧家郎年暮為校書晚娶崔氏女崔有詞翰結褵之後微有嫌色盧因請詩為戲崔立成云不怨檀郎年紀大不怨檀郎官職卑自恨妾身生較晚不見盧郎年少時

又　或另見别卷或刻秦少游

玉琴虛下傷心淚只有文君知曲意簾烘樓迫月宜人酒暖香融春有味　萋萋芳草迷千里惆悵王孫行未

已天涯回首一銷魂二十四橋歌舞地

又

大堤花豔驚郎目秀色穠華看不足休將寶瑟寫幽懷
坐上有人能顧曲　平波落照涵赬玉畫舸亭亭浮淡
淥臨分何以祝深情只有別愁三萬斛

又

玉奩收起新粧了鬢畔斜枝紅裊裊淺嚬輕笑百般宜
試著春衫應更好　裁金簇翠天機巧不稱野人簪破

帽滿頭聊作片時狂頓減十年塵土貌

又

桃溪不作從容住秋藕絕來無續處當時相候赤欄橋今日獨尋黃葉路　煙中列岫青無數雁背夕陽紅欲暮人如風後入江雲情似雨餘黏地絮

當時相候赤欄橋絕妙詞選作

當時無奈鳥聲哀

傷情怨

枝頭風信漸小看暮鴉飛了又是黃昏閉門收返照

江南人去路杳信未通愁已先到怕見孤燈霜寒催睡早

品令　梅花

夜闌人靜月痕寄梅梢疎影簾外曲角欄干近舊攜手處花霧寒成陣　應是不禁愁與恨縱相逢難問黛眉曾把春衫印後期無定腸斷香銷盡花霧寒成陣或刻花發霧寒成陣按譜第五句宜五字且沈詩落花紛似霧增一發字便少味

木蘭花令　莫秋餞別

郊原雨過金英秀風掃霜威寒入袖感君一曲斷腸歌送我十分和淚酒　古道塵清榆柳瘦繫馬郵亭人散後今宵燈盡酒醒時可惜朱顔成皓首

秋蕊香

乳鴨池塘水暖風緊柳花迎面午粧粉指印窻眼曲裏長眉翠淺　聞知社日停針線貪新燕寶釵落枕夢魂遠簾影參差滿院

菩薩蠻

銀河宛轉三千曲浴鳧飛鷺澄波淥何處望歸舟夕陽江上樓　天憎梅浪發故下封枝雪深院捲簾看應憐江上寒

玉團兒　清真集不載

鉛華淡竚新粧束好風韻天然異俗彼此知名雖然初見情分先熟　鑪煙淡淡雲屏曲睡半醒生香透肉賴得相逢若還虛過生世不足

醜奴兒　詠梅

肌膚綽約真仙子來伴氷霜洗盡鉛黃素面初無一點粧　尋花不用持銀燭暗裏聞香零落池塘分付餘妍與壽陽

又 下二闋清真集不載

南枝度臘開全少疎影當軒一種宜寒自共清蟾別有緣　江南風味依然在玉貌韶顏今夜凭欄不似釵頭子細看

又

香梅開後風傳信繡户先知霧濕羅衣冷豔須攀最遠枝　高歌羌管吹遥夜看即分披已恨來遲不見娉婷帶雪時

感皇恩

露柳好風標嬌鶯能語獨占春光最多處淺顰輕笑未肯等閒分付為誰心子裏長長苦　洞房見説雲深無路憑仗青鸞道情素酒空歌斷又被濤江催度怎堪言不盡愁無數

又　清真集不載

小閣倚晴空數聲鍾定斗柄垂寒箕天靜朝來殘酒又被春風吹醒眼前猶認得當時景　往事舊懽不堪重省自歎多愁更多病綺窻依舊敲遍闌干誰廕斷腸明月下梅搖影

宴桃源

壓暗一枰文繡淚濕領巾紅皺初暎綺羅輕腰勝武昌官柳長晝長晝閒臥午窻中酒　壓暗一枰文繡清真集作壓滿一絣文繡

又

門外迢迢行路誰送郎邊尺素巷陌雨餘風當面濕花飛去無緒無緒閒處偷垂玉筯

月中行

蜀絲趁日染乾紅微暝口脂融博山細篆靄房櫳靜看打窗蟲　愁多膽怯疑虛幔聲不斷暮景疎鐘團圞四壁小屏風淚盡夢啼中團圞四壁小屏風一作團團一面小屏風非孫亮作圓琉璃屏風多布螢其中月下清夜舒之常籠四姬皆比絕色使入四座屏風內望之若無隔惟香氣不通于外

漁家傲

灰暖香融銷永晝蒲萄上架春藤秀曲角欄干羣雀鬭清明後風梳萬縷亭前柳　日照釵梁光欲溜循堦竹粉霑衣袖拂拂面紅新着酒沉吟久昨宵正是來時候

又

幾日輕陰寒惻惻東風急處花成積醉踏陽春懷故國歸未得黃鸝久住如相識　賴有蛾眉能暖客長歌屢勸金盃側歌罷月痕來照席貪歡適簾前重露成涓滴

定風波

莫倚能歌斂黛眉此歌能有幾人知他日相逢花月底重理好聲須記得來時　苦恨城頭傳漏永闕　無情豈解惜分飛休訴金樽推玉臂從醉明朝有酒遣誰持

蝶戀花 詠柳

愛日輕明新雪後柳眼星星漸欲穿窗牖不待長亭傾別酒一枝已入騷人手　淺淺柔黃輕蠟透過盡冰霜便與春爭秀強對青銅簪白首老來風味難依舊愛日輕明

新雪後清真集作緩日輕明新霽後

又

桃蕚新香梅落後葉暗藏鴉冉冉垂亭牖舞困低迷如著酒亂絲偏近遊人手　雨過蒙朧斜日透客舍青青特地添明秀莫話揚鞭回別首渭城荒遠無交舊

又

小閣陰陰人寂後翠幙褰風燭影搖疎牖夜半霜寒初索酒金刀正在柔荑手　粉薄絲輕光欲透小葉尖新

未放雙眉秀記得長條垂鷁首別離情味還依舊

又 詠柳

蠢蠢黃金初脫後暖日飛綿取次黏窻牖不見長條低拂酒贈行應已輸先手 鸎擲金梭飛不透小榭危樓處處添奇秀何日隋堤縈馬首路長人倦空思舊

又 早行 或作鳳棲梧另入別卷

月皎驚烏棲不定更漏將闌轣轆牽金井喚起兩眸青炯炯淚花落枕紅綿冷 執手霜風吹鬢影去意徘徊

別語愁難聽樓上闌干橫斗柄露寒人遠鷄相應

又 下五闋青真集不載

魚尾霞生明遠樹翠壁黏天玉葉迎風舉一笑相逢蓬海路人間風月如塵土　剪水雙眸雲鬟吐醉倒珠宮笑語生青霧此會未闌須記取桃花幾度吹紅雨

又

美盼低迷情宛轉愛雨怜雲漸覺寬金釧桃李香苞秋不展溪心黯黯誰能見　宋玉牆高纔一覘絮亂絲繁

若隔春風面歌板未終風色便夢為蝴蝶留芳甸

又

晚步芳塘新霽後春意潛來迤邐通窻牖午睡漸多濃似酒韶華已入東君手　嫩綠輕黃成染透燭下工夫洩漏章臺秀擬插芳條須滿首管交風味還勝舊

又

葉底尋花春欲算折遍柔枝滿手真珠露不見舊人空舊處對花惹起愁無數　却倚欄干吹柳絮粉蝶多情

飛上釵頭住若遣郎身如蝶羽芳時爭肯拋人去

又

酒熟微紅生眼尾半額龍香冉冉飄衣袂雲壓寶釵撩不起黃金心字雙垂耳　愁入眉痕添秀美無限柔情分付西流水忽被驚風吹別淚只應天也知人意

紅羅襖

畫燭尋懽去羸馬載愁歸念取酒東城鐏罍雖近採花南圃蜂蝶須知　自分袂天闊鴻稀空懷乖夢約心期

楚客憶江蘺算宋玉未必為秋悲

少年遊 感舊

并刀如水吳鹽勝雪纖指破新橙錦幄初溫獸香不斷相對坐吹笙　低聲問向誰行宿城上已三更馬滑霜濃不如休去直是少人行 獸香不斷一作手香不斷非長安巧工作博山香爐為奇禽怪獸煙自口中出　相對坐吹笙或用王建宮詞沉香火底坐吹笙句清真集又作相對坐調箏

又

簷牙縹緲小倡樓涼月掛銀鉤聒席笙歌透簾燈火風

景似揚州　當時面色欺春雪曾伴美人遊今日重來
更無人問獨自倚欄愁

又　荊州作

南都石黛埽晴山衣薄奈朝寒一夕東風海棠花謝樓
上捲簾看　而今麗日明如洗南陌暖雕鞍舊賞園林
喜無風雨春鳥報平安

又　雨後

朝雲漠漠散輕絲樓閣澹春姿柳泣花啼九街泥重門

外燕飛遲　而今麗日明金屋春色在桃枝不似當時小樓衝雨幽恨兩人知

還京樂

禁煙近觸處浮香秀色相料理正泥花時候奈何客裏光陰虛費望箭波無際迎風漾日黃雲委任去遠中有萬點相思清淚　到長淮底過當時樓下慇勤為說春來羈旅況味堪嗟悞約乖期向天涯自看桃李想如今應恨墨盈牋愁粧照水怎得青鸞翼飛歸教見顦顇

解連環 譜名玉連環 題怨別

怨懷無託嗟情人斷絕信音遼邈縱妙手能解連環似風散雨收霧輕雲薄燕子樓空暗塵鎖一牀絃索想移根換葉盡是舊時手種紅藥 汀洲漸生杜若料舟依岸曲人在天角記得當日音書把閒語閒言待總燒却水驛春迴望寄我江南梅蕚拚今生對花對酒為伊淚落 清真集拚今生為伊對花對酒淚落 縱妙手能解連環一作信妙手能把連環非孜秦始皇遺齊君王后玉連環曰齊國多智能解此環否以示羣臣羣臣不知解君王后引椎破之謝秦使曰謹以解矣

綺寮怨

上馬人扶殘醉曉風吹未醒映水曲翠瓦朱簷垂楊裏乍見津亭當時曾題敗壁蛛絲罩淡墨苔暈青念去來歲月如流徘徊久嘆息愁思盈　去去倦尋路程江陵舊事何曾再問楊瓊舊曲淒清斂愁黛與誰聽樽前故人如在想念我最關情何須渭城歌聲未盡處先淚零

或于徘徊久嘆息下分段

玲瓏四犯

穠李夭桃是舊日潘郎親試春豔自別河陽長負露房煙臉顦顇鬢點吳霜細念想夢魂飛亂嘆畫闌玉砌都換纔始有緣重見　夜深偷展香羅薦暗窗前醉眠蔥蒨浮花浪蕊都相識誰更曾擡眼休問舊色舊香但認取芳心一點奈又片時一陣風雨惡吹分散細念想夢魂飛亂按譜第七句六言無細字

丹鳳吟　春恨

迤邐春光無賴翠藻翻池黃蜂遊閣朝來風暴飛絮亂

投簾幙生憎筭景倚牆臨岸杏靨夭斜榆錢輕薄晝永惟思傍枕睡起無憀殘照猶在庭角　況是別離氣味坐來但覺心緒惡痛飲澆愁酒奈愁濃如酒無計銷鑠那堪昏暝簌簌半簷花落弄粉調朱柔素手問何時重握此時此意生怕人道著

憶舊遊　清真集不載

記愁橫淺黛淚洗紅鉛門掩秋宵墜葉驚離思聽寒螿夜泣亂雨蕭蕭鳳釵半脫雲鬟窗影燭花搖漸暗竹敲

涼蹤螢照曉兩地魂消　迢迢問音信道徑底花陰時認鳴鑣也擬臨朱户嘆因郎顦顇羞見郎招舊巢更有新燕楊柳拂河橋但滿眼京塵東風竟日吹露桃

拜星月慢

夜色催更清塵收露小曲幽坊月暗竹檻燈窻識秋娘庭院笑相遇似覺瓊枝玉樹相倚暖日明霞光爛水盼蘭情總平生稀見　畫圖中舊識春風面誰知道自到瑶臺畔眷戀雨潤雲温苦驚風吹散念荒寒寄宿無人

館重門閉敗壁秋蟲嘆怎奈向一縷相思隔溪山不斷水盼蘭情或作木盼蘭情非韓詩云吴魚嶺雁無消息水盼蘭情別日多

倒犯詠月清真集作吉了犯

霽景對霜蟾乍昇素煙如埽千林夜縞徘徊處漸移深窈何人正弄孤影蹁躚西窻悄冒露冷貂裘玉斝邀雲表共寒光飲清醥　淮左舊遊記送行人歸來山路窵駐馬望素魄印遥碧金樞小愛秀色初娟好念漂浮緜緜思遠道料異日宵征必定還相照奈何人自老共寒光飲

清醥或作清醪非韻攷蜀都賦置酒高堂觴以清醥

減字木蘭花 清真集不載

風鬟霧鬢便覺蓬萊三島近水秀山明縹緲仙姿畫不成　廣寒丹桂豈是夭桃塵俗世只恐乘風飛上瓊樓玉宇中

木蘭花令 清真集不載原本二首攷殘春一陣狂風雨是六一詞刪去

歌時宛轉饒風措鸎語清圓啼玉樹斷腸歸去月三更薄酒醒來愁萬緒　孤燈翳翳昏如霧枕上依稀聞笑

語惡嫌春夢不分明忘了與伊相見處

驀山溪 此二闋清真集不載

樓前疎柳柳外無窮路翠色四天垂數峰青高城闊處江湖病眼偏向此山明愁無語空凝竚兩兩昏鴉去平康巷陌往事如花雨十載却歸來倦追尋酒旗戲鼓今宵幸有人似月嬋娟霞袖舉盃深注一曲黃金縷

又

江天雪意夜色寒成陣翠袖捧金蕉酒紅潮香凝沁粉

簾波不動新月淡籠明香破豆燭頻花減字歌聲穩
恨眉羞斂往事休重問人去小庭空有梅梢一枝春信
檀心未展誰為探芳叢消瘦盡洗粧匀應更添風韻

青玉案 清真集不載

良夜燈光簇如豆占好事今宵有酒罷歌闌人散後琵
琶輕放語聲低顫滅燭來相就　玉體偎人情何厚輕
惜輕憐轉唧噹雨散雲收眉兒皺只愁彰露那人知後
把我來僝僽

一剪梅 清真集不載

一剪梅花萬樣嬌斜揷疎枝略點眉梢輕盈微笑舞低回何事樽前拍手誤招　夜漸寒深酒漸消袖裏時聞玉釧輕敲城頭誰恁促殘更銀漏何如且慢明朝

水調歌頭 中秋寄李伯紀大觀文 清真集不載

今夕月華滿銀漢瀉秋寒風纏霧捲宛轉天陛玉樓寛應是金華仙子又喜今年藥就闕　收拾山河影都向鏡中蟠　橫霜竹吹明月到中天要令四海遥

望千古此輪安何處今年無月唯有謫仙著語高絕莫能攀我故喚公起雲海路漫漫

南柯子 清真集俱不載

寶合分時菓金盤弄賜氷曉來堦下按新聲恰有一方明月可中庭 露下天如水風來夜氣清嬌羞不肯傍人行颭下扇兒拍手引流螢

又

膩頸凝酥白輕衫淡粉紅碧油涼氣透簾櫳指點庭花

低映雲母屏風　恨逐瑤琴寫書勞玉指封等閒贏得

瘦儀容何事不教雲雨略下巫峰

又　詠梳兒

桂魄分餘暈檀槽破紫心曉粧初試鬢雲偎每被蘭膏

香染色深沉　指印纖纖粉釵橫隱隱金有時雲雨鳳

幃深長是枕前不見殢人尋

關河令　清真集不載　時刻清商怨

秋陰時作漸向暝變一庭淒冷佇聽寒聲雲深無鴈影

更深人去寂靜但照壁孤燈相映酒已都醒如何消夜永

鵲橋仙令 清真集不載

浮花浪蘂人間無數開遍朱朱白白瑶池一朵玉芙容秋露洗丹砂真色 晚涼拜月六銖衣動應被姮娥認得翩然欲上廣寒宫横玉度一聲天碧

花心動 清真集不載

簾捲青樓東風滿楊花亂飄晴晝蘭袂褪香羅帳褰紅

繡枕旋移相就海棠花謝春融暖偎人恁嬌波頻溜象床穩鴛衾謾展浪翻紅縐　一夜情濃似酒香汗漬鮫綃幾番微透鸞困鳳慵婭姹雙眼畫也畫應難就問伊可煞於人厚梅蕚露臙脂檀口從此後纖腰為郎管瘦

雙頭蓮　清真集不載

一抹殘霞幾行新雁天染斷紅雲迷陣影隱約望中點破晚空澄碧助秋色門掩西風橋橫斜照青翼未來濃塵自起咫尺鳳幃合有人相識　歎乖隔知甚時恣與

同攜懽適度曲傳觴竝鞴飛轡綺陌畫堂連夕樓頭千里帳底三更盡堪淚滴怎生向總無聊但只聽消息

長相思 曉行 清真集俱不載

舉離觴掩洞房箭水泠泠刻漏長愁中看曉光 整羅裳脂粉香見埽門前車上霜相持泣路傍

又 閨怨

馬如飛歸未歸誰在河橋見別離修楊委地垂 掩面啼人怎知桃李成陰鶯哺兒閒行春盡時

又　舟中作

好風浮晚雨收林葉陰陰映鷁舟斜陽明倚樓　黯凝眸憶舊遊艇子扁舟來莫愁石城風浪秋

又

沙棠舟小棹遊池水澄澄人影浮錦鱗遲上鈎　煙雲愁簫鼓休再得來時已變秋欲歸須少留

大有　清真集不載

仙骨清羸沈腰顦顇見傍人驚怪消瘦柳無言雙眉盡

日齊鬬都緣薄倖賦情淺許多時不成懽偶幸自也總由他何須負這心口　令人恨行坐呪斷了𠕅思量没心永守前日相逢又早見伊仍舊却𠕅被温存後都忘了當時僝僽便搊撮九百身心依前待有

萬里春 清真集不載

千紅萬翠簇定清明天氣為憐他種種清香好難為不醉　我愛深如你我心在個人心裏便相看老却春風莫無些些歡意

鶴冲天　溧水長壽鄉作　清真集俱不載

梅雨霽暑風和高柳亂蟬多小園臺榭遠池波魚戲動新荷　薄紗廚輕羽扇枕冷簟涼深院此時情緒此時天無事小神仙

又

白角簟碧紗廚梅雨乍晴初謝家池畔正清虛香散嫩芙蕖　日流金風解慍一弄素琴歌舞慢摇紈扇訴花牋吟待晚涼天

片玉詞卷上

欽定四庫全書

片玉詞卷下

宋 周邦彦 撰

解語花 元上

風銷絳蠟露浥紅蓮燈市光相射桂華流瓦纖雲散耿耿素娥欲下衣裳淡雅看楚女纖腰一把簫鼓喧人影參差滿路飄香麝 因念都城放夜望千門如畫嬉笑游冶鈿車羅帕相逢處自有暗塵隨馬年光是也唯只

見舊情衰謝清漏移飛蓋歸來從舞休歌罷

鑠陽臺懷錢塘清真集俱不載即滿庭芳

山崦籠春江城吹雨暮天煙淡雲昏酒旗漁市冷落杏花村蘇小當年秀骨縈蔓草空想羅裙潮聲起高樓噴笛五兩了無聞　淒涼懷故國朝鐘暮鼓十載紅塵但夢魂迢遞長到吳門聞道花開陌上歌舊曲愁殺王孫何時見名娃喚酒同倒甕頭春

又

花撲鞭鞘風吹衫袖馬蹄初趂輕裝都城漸遠芳樹隱
斜陽未慣羈遊況味征鞍上滿目凄涼今宵裏三更皓
月愁斷九迴腸　佳人何處去別時無計同引離觴但
唯有相思兩處難忘去即十分去也如何向千種思量
凝眸處黃昏畫角天遠路岐長

又

白玉樓高廣寒宮闕暮雲如幛褰開銀河一派流出碧
天來無數星躔玉李冰輪動光滿樓臺登臨處全勝瀛

海弱水浸蓬萊　雲鬟香霧濕月娥韻壓雲凍江梅況飡花飲露莫惜裵徊坐看人間如掌山河影倒入瓊盃歸來晚笛聲吹徹九萬里塵埃

過秦樓　清真集作選冠子　或作惜餘春慢

水浴清蟾葉喧涼吹巷陌馬聲初斷閒依露井笑撲流螢惹破畫羅輕扇人靜夜久凭闌愁不歸眠立殘更箭嘆年華一瞬人今千里夢沉書遠　空見說鬢怯瓊梳容銷金鏡漸懶趁時勻染梅風地溽紅雨苔滋一架舞

紅都變誰信無聊為伊才減江淹情傷荀倩但明河影下還看稀星數點水浴清蟾俗本作京浴誤　情傷荀倩一作荀令非荀奉倩妻曹氏有豔色嘗病倩以冷身熨之後卒倩嘆曰佳人難再得人弔之不哭而傷神未幾倩亦卒

解蹀躞 秋思

候館丹楓吹盡面旋隨風舞夜寒霜月飛來伴孤旅還是獨擁秋衾夢餘酒困都醒滿懷離苦　甚情緒深念凌波微步幽房暗相遇淚珠都作秋宵枕前雨此恨音驛難通待憑征雁歸時帶將愁去

蕙蘭芳引 秋懷

寒瑩晚空點青鏡斷霞孤鶩對客館深扃霜草未衰更綠倦遊厭旅但夢遶阿嬌金屋想故人別後盡日空疑風竹 塞北氍毹江南圖障是處溫燠更花管雲牋猶寫寄情舊曲音塵迢遞但勞遠目今夜長爭奈枕單人獨

六么令 重陽

快風收雨亭館清殘燠池光靜橫秋影岸柳如新沐聞

道宜城酒美昨日新醅熟輕鑣相逐衝泥策馬來折東
籬半開菊　華堂花艷對列一一驚郎目歌韻巧共泉
聲閒雜琮琤玉惆悵周郎已老莫唱當時曲幽歡難卜
明年誰健更把茱萸再三囑閒襍琮琤玉清真集作閒雜淙哀玉

紅林檎近　詠雪

高柳春纔軟凍梅寒更香暮雪助清峭玉塵散林塘那
堪飄風遞冷故遺度幙穿窻似欲料理新粧呵手弄絲
簧　冷落詞賦客蕭索水雲鄉援毫授簡風流猶憶東

梁望虛簷徐轉迴廊未帰夜長莫惜空酒觴

又 雪晴

風雪驚初霽水鄉增并寒樹杪墮毛羽簷牙挂琅玕才喜門堆巷積可惜迤邐銷殘漸看低竹翩翻清池漲微瀾　步屧晴正好宴席晚方歡梅花耐冷亭亭來入冰盤對前山橫素愁雲變色放盃同覓高處看

滿路花 詠雪

金花落燼燈銀礫鳴窻雪庭深微漏斷行人絕風扉不

定竹圃琅玕折玉人新聞閣著這情懷更當恁地時節
無言欹枕帳底流清血愁如春後絮來相接知他那
裏爭信人心切除共天公說不成也還似伊無箇分別

又 冬景

簾烘淚雨乾酒壓愁城破冰壺防飲渴焙殘火朱消粉
褪絕勝新梳裏不是寒宵短日上三竿殢人猶要同卧
如今多病寂寞章臺左黃昏風弄雪門深鎖蘭房密
愛萬種思量過也須知有我著甚情懷但你忘了人呵

氐州第一 清真集作熙州摘遍字句稍異

波落寒汀村渡向晚遥看數點帆小亂葉飜鴉驚風破雁天角孤雲縹緲宮柳蕭踈甚尚挂微微殘照景物關情川途換目頓來催老 漸解狂朋歡意少奈猶被思牽情繞座上琴心機中錦字覺最縈懷抱也知人懸望久薔薇謝歸來一笑欲夢高唐未成眠霜空已曉

尉遲盃 離別

隋堤路漸日晚密靄生深樹陰陰淡月籠沙還宿河橋

深處無情畫舸都不管煙波隔前浦等行人醉擁重衾
載將離恨歸去　因思舊客京華長偎傍疎林小檻歡
聚冶葉倡條俱相識仍慣見珠歌翠舞如今向漁村水
驛夜如歲焚香獨自語有何人念我無聊夢魂凝想鴛
侶

塞翁吟　夏景

暗葉啼風雨窗外曉色朧璁散水麝小池東亂一岸芙
蓉蘄州簟展雙紋浪輕帳翠縷如空夢遠別淚痕重淡

鉛臉斜紅　沖沖嗟顦顇新寬帶結羞豔冶都銷鏡中有蜀紙堪憑寄恨等今夜灑血書詞剪燭親封菖蒲漸老早晚成花教見薰風等今夜灑血書詞或作灑淚書詞非韓愈云刳肝以為紙灑血以書詞

遶佛閣 旅況

暗塵四斂樓觀迥出高映孤館清漏將短厭聞夜久籤聲動書幔桂華又滿閒步露草偏愛幽遠花氣清婉望中迤邐城陰度河岍　倦客最蕭索醉倚斜橋穿柳線

還似汴堤虹梁橫水面看浪颭春燈舟下如箭此行重
見嘆故友難逢羈思空亂兩眉愁向誰行展

慶春宮 悲秋 戴 刻柳耆卿

雲接平岡山圍寒野路回漸轉孤城衰柳啼鴉驚風驅
雁動人一片秋聲倦途休駕澹煙裏微茫見星塵埃顦
顇生怕黃昏離思牽縈　華堂舊日逢迎花艷參差香
霧飄零絃管當頭偏憐嬌鳳夜深簧暖笙清眼波傳意
恨密約匆匆未成許多煩惱只為當時一餉留情

滿江紅　春閨

晝日移陰攬衣起春帷睡足臨寶鑑綠雲撩亂未懽裝束蝶粉蜂黃都褪了枕痕一線紅生玉背畫欄脉脉儘無言尋棊局　重會面猶未卜無限事縈心曲想秦箏依舊尚鳴金屋芳草連天迷遠望寶香薰被成孤宿最苦是蝴蝶滿園飛無心撲

丁香結

蒼蘚沿堦冷螢粘屋庭樹望秋先隕漸雨淒風迅澹暮

色倍覺園林清潤漢姬紈扇在重吟玩棄擲未忍登山臨水此恨自古銷磨不盡　牽引記醉酒歸時對月同看雁陣寶幄香纓薰爐象尺夜寒燈暈誰念留滯故國舊事勞方寸唯丹青相伴那更塵昏蠹損

三部樂 梅雪

浮玉飛瓊向邃館靜軒倍增清絕夜窗垂練何用交光明月聞道官閣多梅趂暗香未遠凍蕊初發倩誰折取持贈情人桃葉　回紋近傳錦字道為君瘦損是人都

說早知染紅著手膠梳黏髮轉思量鎮長墮睫都只為情深意切欲報信息無一句堪喻愁結

西河　金陵懷古

佳麗地南朝盛事誰記山圍故國遶清江髻鬟對起怒濤寂寞打孤城風檣遥度天際斷崖樹猶倒倚莫愁艇子曾繫空餘舊迹鬱蒼蒼霧沉半壘夜深月過女牆來賞心東望淮水　酒旗戲鼓甚處是想依稀王謝鄰里燕子不知何世向尋常巷陌人家相對如說興亡斜陽

裏花菴詞選作三疊風檣遥望天際作一截賞心東望淮水又作一截　清真集在空餘舊迹分段

又　清真集不載

長安道瀟灑西風時起塵埃車馬晚遊行霸陵煙水亂鴉棲鳥夕陽中參差霜樹相倚到此際愁如葦冷落關河千里追思唐漢昔繁華斷碑殘記未央宮闕已成灰終南依舊濃翠　對此景無限愁思遶天涯秋蟾如水轉使客情如醉想當時萬古雄名盡作往來人淒涼事

一寸金　新定詞

州夾蒼崕下枕江山是城郭望海霞接日紅翻水面晴
風吹草青揺山脚波暎鳧鷖作沙痕退夜潮正落踈林
外一點炊煙渡口参差正寥廓　自歎勞生經年何事
京華信漂泊念渚蒲汀柳空歸閒夢風輪雨檝終辜前
約情景牽心眼流連處利名易薄迴頭謝冶葉倡條便
入漁釣樂

瑞鶴仙

悄郊原帶郭行路永客去車塵漠漠斜陽映山落斂餘

紅猶戀孤城欄角凌波步弱過短亭何用素約有流鶯勸我重解繡鞍緩引春酌　不記歸時早筭上馬誰扶醒眠朱閣驚飇動幙扶殘醉遶紅藥嘆西園已是花深無地東風何事又惡任流光過却猶喜洞天自樂

又　清真集不載

暝煙籠細柳弄萬縷千絲年年春色晴風蕩無際濃於酒偏醉情人調客闌干倚處度花香微散酒力對重門半掩黃昏淡月院宇深寂　愁極因思前事洞房佳宴

正值寒食尋芳遍賞金谷里銅駝陌到而今魚雁沉沉無信息天涯常是淚滴早歸來雲館深處那人正憶

浪淘沙慢 恨別

曉陰重霜凋岸草霧隱城堞南陌脂車待發東門帳飲乍闋正拂面垂楊堪攬結掩紅淚玉手親折念漢浦離鴻去何許經時信音絕 情切望中地遠天闊向露冷風清無人處耿耿寒漏咽嗟萬事難忘唯是輕別翠罇未竭憑斷雲留取西樓殘月羅帶光銷紋衾疊連環解

舊香頓歇怨歌永瓊壺敲盡缺恨春去不與人期弄夜
色空餘滿地梨花雪時刻在情切分段

又清真集不載

萬葉戰秋聲露結雁度砂磧細草和煙尚綠遙山向晚
更碧見隱隱雲邊新月白映落照簾幕千家聽數聲何
處倚樓笛裝點盡秋色 脉脉旅情暗自消釋念珠玉
臨水猶悲感何況天涯客憶少年歌酒當時蹤跡歲華
易老衣帶寬懊惱心腸終窄飛散後風流人阻藍橋約

悵恨路隔馬蹄過猶嘶舊巷陌歎往事一一堪傷曠望極凝思又把闌干拍

西平樂 元豐初予以布衣西上過天長道中後四十餘年辛丑正月二十六日避賊復遊故地感歎歲月偶成此詞

穉柳蘇晴故溪渴雨川迴未覺春賒駝褐寒侵正憐初日輕陰抵死須遮歎事逐孤鴻去盡身與塘蒲共晚爭知向此征途區區佇立塵沙追念朱顏翠髮曾到處故地使人嗟 道連三楚天低四野喬木依前臨路

欹斜重慕想東陵晦迹彭澤歸來左右琴書自樂松菊相依何況風流鬢未華多謝故人親馳鄭驛時倒融尊勸此淹留共過芳時翻令倦客思家

玉燭新 早梅

溪源新蠟後見數朶江梅剪裁初就暈酥砌玉芳英嫩故把春心輕漏前村昨夜想弄月黃昏時候孤岸峭踈影横斜濃香暗沾襟袖 樽前賦與多才問嶺外風光故人知否壽陽漫鬬終不似照水一枝清瘦風嬌雨秀

好亂插繁華盈首須信道羌筦無情看看又奏

南鄉子

晨色動粧樓短燭熒熒悄未收自在開簾風不定颼颼池面冰澌趁水流　早起怯梳頭欲綰雲鬟又却休不會沈吟思底事凝眸兩點春山滿鏡愁

又　下四闋清真集不載

秋氣遶城闉角寒鴉未掩門記得佳人衝雨别吟分别緒多於雨後雲　小棹碧溪津恰似江南第一春應

是採蓮閒伴侶相尋收取蓮心與舊人

又

寒夜夢初醒行盡江南萬里程早是愁來無會處時聽敗葉相傳細雨聲　書信也無憑萬事由他別後情誰信歸來須及早長亭短帽輕衫走馬迎

又　詠秋夜

戶外井桐飄淡月疎星共寂寥恐怕霜寒初索被中宵已覺秋聲引雁高　羅帶束纖腰自剪燈花試彩毫收

起一封江北信明朝為問江頭早晚潮

又 撥燕巢

輕軟舞時腰初學吹笙苦未調誰遣有情知事早相撩暗擧羅巾遠見招　癡騃一團嬌自折長條撥燕巢不道有人潛看著從教掉下鬟心與鳳翹

望江南

歌席上無賴是橫波寶髻玲瓏欹玉燕繡巾柔膩掩香羅人好自宜多　無箇事因甚斂雙蛾淺淡梳粧疑見

畫惺鬆言語勝聞歌何況會婆娑

又 春遊

遊妓散獨自遶回堤芳草懷煙迷水曲密雲銜雨暗城西九陌未霑泥　桃李下春晚自成蹊牆外見花尋路轉柳陰行馬過鸎啼無處不悽悽

浣溪沙

不為蕭娘舊約寒何因容易別長安預愁衣上粉痕乾幽閤深沉燈焰喜小爐隣近酒盃寬為君門外脫歸

鞦

又

翠篠參差竹徑成新荷跳雨碎珠傾曲欄斜轉小池亭
風約簾衣歸燕急水搖扇影戲魚驚柳梢殘日弄微
晴

又

寶扇輕圓淺畫繒象床平穩細穿藤飛蠅不到避壺氷
翠枕面涼偏益睡玉簫手汗錯成聲日長無力要人

凭

又

薄薄紗幮望似空簟紋如水浸芙容起來嬌眼未惺憁
强整羅衣擡皓腕更將紈扇掩酥胸羞郎何事面微
紅

又

爭挽桐花兩鬢垂小粧弄影照清池珠簾踏襪趂蜂兒
跳脱添金雙腕重琵琶破撥四絃悲夜寒誰肯剪春

衣

又　武刻歐陽永叔

雨過殘紅溼未飛疎籬一帶透斜暉遊蜂釀蜜竊香歸

金屋無人風竹亂夜篝盡日水沉微一春須有憶人

時

又

日薄塵飛官路平眼明喜見汴河傾地遥人倦莫兼程

下馬先尋題壁字出門閒記榜村名早收燈火夢傾

城

又

貪向津亭擁去車不辭泥雨濺羅襦淚多脂粉了無餘

酒釅未須令客醉路長終是少人扶早教幽夢到華

胥

又 或刻李易安

樓上晴天碧四垂樓前芳草接天涯勸君莫上最高梯

新笋看成堂下竹落花都上燕巢泥忍聽林表杜鵑

啼

又

日射欹紅臈蒂香風乾微汗粉襟涼碧綃對捲簟紋光

自剪柳枝明畫閣戲抛蓮菂種橫塘長亭無事好思

量

浣溪沙慢 清真集不載

水竹舊院落櫻笋新蔬果嫩英翠幄紅杏交榴火心事

暗卜葉底尋雙朵深夜歸青瑣燈盡酒醒時曉窻明釵

橫鬌彈　怎生郵被閒阻時多奈愁腸數疊幽恨萬端好夢還驚破可怪近來傳語也無個莫是嗔人呵真個若嗔人却因何逢人問我

點絳唇

孤館迢迢芔天草露霑衣潤夜來秋近月暈通風信今日原頭黃葉飛成陣知人悶故來相趁共結臨岐恨

又

遼鶴歸來故鄉多少傷心地寸書不寄魚浪空千里

憑仗桃根說與相思意愁無際舊時衣袂猶有東風淚

又

征騎初停酒行莫放離歌舉柳汀蓮浦看盡江南路苦恨斜陽冉冉催人去空回顧淡煙橫素不見揚鞭處

酒行莫放離歌舉清真集作畫筵欲散離歌舉

又

臺上披襟快風一瞬收殘雨柳絲輕舉蛛網黏飛絮極目平蕪應是春歸處愁凝佇楚歌聲苦村落黃昏鼓

夜遊宮

客去車塵未斂古簾暗雨苔千點月皎風清在處見奈今宵照初絃吹一箭　池曲河聲轉念歸計眼迷魂亂明日前村更荒遠且開罇任紅鱗生酒面

又　秋暮晚景

葉下斜陽照水捲輕浪沉沉千里橋上酸風射眸子立多時看黃昏燈火市　古屋寒窗底聽幾片井桐飛墜不戀單衾再三起有誰知為蕭娘書一紙

又　清真集不載

一陣斜風横雨薄衣潤新添金縷不謝鉛華更清素倚筠窻弄么絃嬌欲語　小閣横香霧正年少小娥愁緒莫是栽花被花妬甚春來病懨懨無會處

訴衷情　殘杏

出林杏子落金盤齒軟怕嘗酸可惜半殘青子猶印小唇丹　南陌上落花閒雨斑斑不言不語一段傷春都在眉間

又

堤前亭午未融霜風緊雁無行重尋舊日岐路茸帽北遊裝　期信杳別離長遠情傷風翻酒幔寒凝茶煙又是何鄉

又 清真集不載

當時選舞萬人長玉帶小排方喧傳京國聲價年少最無量　花閣迴酒筵香想難忘而今何事佯向人前不認周郎 喧傳京國聲價時刻讓與都城聲價

一落索 清真集作洛陽春

眉共春山爭秀可憐長皺莫將清淚濕花枝恐花也如人瘦 清潤玉簫閒久知音稀有欲知日日倚闌愁但問取亭前柳

又

杜宇催歸聲苦和春歸去倚闌一霎酒旗風任撲面桃花雨 目斷隴雲江樹難逢尺素落霞隱隱日平西料想是分攜處

迎春樂

清池小圃開雲屋結春伴往來熟憶年時縱酒盃行速看月上歸禽宿 牆裏修篁森似束記名字曾刋新緑見説別來長冷翠蘚封寒玉

又

桃溪柳曲閒蹤跡俱曾是大堤客解春衣貰酒城南陌頻醉卧胡姬側 鬢點吳霜嗟早白更誰念玉溪消息他日水雲身相望處無南北

又 攜妓

人人豔色明春柳憶筵上偷攜手趁歌停舞歇來相就醒醒箇無些酒 比目香囊新刺繡連隔座一時薰透為甚月中歸長是他隨車後

虞美人

燈前欲去仍留戀腸斷朱扉遠不須紅雨洗香腮待得薔薇花謝便歸來 舞腰歌板閒時按一任傍人看金爐應見舊殘煤莫遣恩情容易似寒灰

又

簾纖小雨池塘遍細點破萍面一雙燕子守朱門比似尋常時候易黃昏　宜城酒泛浮春絮細作更闌語相看羇思亂如雲又是一窻燈影兩愁人

又

球籬曲徑田家小雲樹開秋曉天寒山色有無中野外一聲鐘起送孤篷　添衣策馬尋亭堠愁抱惟宜酒菰蒲睡鴨占陂塘縱被行人驚散又成雙

又 一本無此首

淡雲籠月松溪路長記分攜處夢魂連夜遶松溪此夜相逢恰似夢中時　海山陡覺風光好莫惜金罇倒柳花吹雪燕飛忙生怕扁舟歸去斷人腸

又

玉觴纔掩朱絃悄彈指壺天曉回頭猶認倚牆花只向小橋南畔便天涯　銀蟾依舊當窻滿顧影魂先斷淒風休颭半殘燈擬倩今宵歸夢到雲屏

又

金閨平帖春雲暝晝漏花前短玉顏酒解豔紅消一向捧心啼困不成嬌　別來新翠迷行徑窗鎖玲瓏影研綾小字夜來封斜倚曲闌凝睇數歸鴻研綾小字夜來封一作研綾非王介甫詩小研紅綾間詩句

醉桃源清真集作阮郎歸

冬衣初染遠山青雙絲雲雁綾夜寒袖溼欲成冰都緣珠淚零　情黯黯悶騰騰身如秋後蠅若教隨馬逐郎

行不辭多少程

又

菖蒲葉老水平沙臨流蘇小家畫闌曲徑宛秋蛇金英墜露華 燒蜜炬引蓮娃酒香醺臉霞再來重約日西斜倚門聽莫鵶

鳳來朝 佳人

逗曉看嬌面小窻深弄明未辨愛殘粧宿粉雲鬟亂最好是帳中見 說夢雙蛾微斂錦衾溫獸香未斷待起

難捨拚任日炙晝樓瞑（待起難捨拚清真集作待起又如何拚）

垂絲釣

縷金翠羽粧成纔見眉嫵倦倚玉窗看舞風絮愁幾許寄鳳絲雁柱春將暮向層城苑路鈿車如水 時時花徑相遇舊遊伴侶還到曾來處門掩風和雨梁燕語問那人在否

粉蝶兒慢

宿霧藏春餘寒帶雨占得羣芳開晚豔初弄秀倚東風

嬌嬾隔葉黃鸝傳好音喚入深叢中探數枝新比昨朝又早紅稀香淺　眷戀重來倚檻當韶華未可輕辜雙眼賞心隨分樂有清樽檀板每歲嬉遊能幾日莫使一聲歌欠忍因循片花飛又成春減

紅窻迥

幾日來真個醉不知道窻外亂紅已深半指花影被風揺碎　擁春醒乍起有個人人生得濟楚來向耳畔問道今朝醒未情性兒慢騰騰地惱得人又醉

念奴嬌 清真集不載

醉魂乍醒聽一聲啼鳥幽齋岑寂淡日朦朧初破曉滿眼嬌晴天色最惜香梅凌寒偷綻漏泄春消息池塘芳草又還淑景催逼 因念舊日芳菲桃花永巷恰似初相識荏苒時光因慣却覓雨尋雲蹤跡奈有離拆瑤臺月下回首頻思憶重愁疊恨萬般都在胸臆

黃鸝遶碧樹

雙闕籠佳氣寒威日晚歲華將算小院閒庭對寒梅照

雪淡煙凝素忍當迅景動無限傷春情緒猶賴是上苑風光漸好芳容將煦　草英蘭芽漸吐且尋芳更休思慮這浮世甚驅馳利祿奔競塵土縱有魏珠照乘未買得流年住爭如剩引榴花醉偎瓊樹爭如剩引榴花醉偎瓊樹清真集作爭如盛飲流霞醉偎瓊樹

鬢雲鬆令

送傅國華奉使三韓清真集不載即蘇慕遮

鬢雲鬆眉葉聚一闋離歌不為行人駐檀板停時君看取數尺鮫綃半是梨花雨　鷺飛遥天尺五鳳閣鸞坡

看即飛騰去今夜長亭臨別處斷梗飛雲盡是傷情緒

芳草渡

昨夜裏又再宿桃源醉邀仙侶聽碧窗風快疎簾半卷愁雨多少離恨苦方留連啼訴鳳帳曉又是匆匆獨自歸去　愁顏滿懷淚粉瘦馬衝泥尋去路漫回首煙迷望眼依稀見朱戶似癡似醉暗惱損凭闌情緒澹暮色看盡栖鴉亂舞

歸去難 期約

佳約人未知背地伊先變惡會稱停事看深淺如今信我委的論長遠好彩無可怨自合教伊推些事後分散

密意都休待說先腸斷此恨除非是天相念堅心更守未死終須見多少閒磨難到得其時知他做甚頭眼

燕歸梁 詠曉 清真集不載

簾底新霜一夜濃短燭散飛蟲曾經洛浦見驚鴻關山隔夢魂通 明星晃晃津回路轉榆影步花驄欲攀雲駕倩西風吹 清血寄玲瓏

南浦

清真集不載

淺帶一帆風向晚來扁舟穩下南浦迢遞阻瀟湘衡皐迴斜艤蕙蘭汀渚危檣影裏斷雲點點遥天莫菡萏裏風偷送清香時時微度　吾家舊有簪纓甚頓作天涯經歲羇旅羌管怎知情煙波上黄昏萬斛愁緒無言對月皓彩千里人何處恨無鳳翼身只待而今飛將歸去

醉落魄

清真集不載

茸金細弱秋風嫩桂花初著蕊珠宫裏人難學花染嬌

羙羞映翠雲幄　清香不與蘭蓀約一枝雲鬢巧梳掠
夜涼輕撼薔薇蕚香滿衣襟月在鳳皇閣

留客住　清真集不載

嗟烏兎正茫茫相催無定只恁東生西没半均寒暑昨
見花紅柳緑處處林茂又覩霜前籬畔菊散餘香看看
又還秋莫　忍思慮念古往賢愚終歸何處爭似高堂
日夜笙歌齊舉選甚連宵徹晝再三留住待擬沉醉扶
上馬怎生向主人未肯交去

長相思慢 清真集不載

夜色澄明天街如水風力微冷簾旌幽期再偶坐久相看纔喜欲歎還驚醉眼重醒映雕欄脩竹共數流螢細語輕輕儘銀臺挂蠟潛聽　自初識伊來便惜妖嬈豔質美眄柔情桃溪換世鸞馭凌空有願須成遊絲蕩絮任輕狂相逐牽縈但連環不解難負深盟時刻但連環不解下有流水長東四字誤

看花迴 詠眼

秀色芳容明眸就中奇絕細看豔波欲溜最可惜微重紅銷輕帖勻朱傅粉幾為嚴粧時涴睫因個甚底死嗔人半餉斜眄費貼燮　斗帳裏濃懽意懨帶困時似開微合曾倚高樓望遠自笑指頻瞷知他誰說那日分飛淚雨縱橫光映頰揾香羅恐揉損與他衫袖裛

又

蕙風初散輕暖霽景澄潔秀蕋乍開乍斂帶雨態煙痕春思紆結危絃弄響來去驚人鶯語滑無賴處麗日樓

臺亂絲岐路總奇絕　何計解黏花繫月歎冷落頓辜佳節猶有當時氣味挂一縷相思不斷如髮雲飛帝國人在雲邊心暗折語東風共流轉漫作匆匆別（或在粘花繫月下分段非）

月下笛（清真集不載）

小雨收塵涼蟾瑩徹水光浮壁誰知怨抑靜倚官橋吹笛映宮牆風葉亂飛品高調側人未識想開元舊譜柯亭遺韻盡傳胸臆　闌干四遶聽折柳徘徊數聲終拍

寒燈陋館最感平陽孤客夜沉沉雁啼正哀片雲盡卷
清漏滴黯凝魂但覺龍吟萬壑天籟息

片玉詞卷下

片玉詞補遺

十六字令 詠月見天機餘錦

眠月影穿窻白玉錢無人弄移過枕函邊

浣溪沙 春景見草堂詩餘

水漲魚天拍柳橋雲鳩拖雨過江皐一番春信入東郊閒碾鳳團消短夢靜看燕子壘新巢又移日影上花梢

又 春景或刻歐陽永叔

小院閒窻春色深重簾未捲影沉沉倚樓無語理瑤琴遠岫出雲催薄暮細風吹雨弄輕陰梨花欲謝恐難禁

憶秦娥

佳人 或刻蘇子瞻

香馥馥尊前有箇人如玉人如玉翠翹金鳳內家粧束嬌羞愛把眉兒蹙逢人只唱相思曲相思曲一聲聲是怨紅愁綠

柳梢青

佳人 見草堂詩餘

有箇人人海棠標韻飛燕輕盈酒暈潮紅羞蛾凝綠一笑生春　為伊無限傷心更說甚巫山楚雲斗帳香消紗窗月冷著意溫存

南鄉子　秋懷　見詩林萬選

夜闌夢難收宋玉多情我結儔千點漏聲萬點淚悠悠霜月雞聲幾段愁　難展皺眉頭怨句哀吟送客秋蟋蟀床頭調夜曲啾啾又聽驚人雁過樓

蘇幕遮　風情　見草堂詩餘

隴雲沉新月小楊柳梢頭能有春多少試著羅裳寒尚峭簾捲青樓占得東風早　翠屏深香篆裊流水落花不管劉郎到三疊陽關聲漸杳斷雨殘雲只怕巫山曉

畫錦堂　閨情見草堂詩餘

雨洗桃花風飄柳絮日日飛滿雕簷懊惱一春幽恨盡屬眉尖愁聞雙飛新燕語更堪孤枕宿醒歡雲鬟亂獨步畫堂輕風暗觸珠簾　多厭晴晝永瓊户悄香銷金獸慵添自與蕭郎别後事事俱嫌短歌新曲無心理鳳

簫龍管不曾拈空惆悵常是每年三月病酒懨懨

齊天樂 端午 或刻無名氏

毬毬幾點黃梅雨佳時又逢重午角黍包金香蒲泛玉風物依然荆楚形裁艾虎更釵梟朱符臂纏紅縷撲粉香綿喚風綾扇小窻午 沉湘人去已遠勸君休對景感時懷古慢囀鸎喉輕敲象板勝讀離騷章句荷香暗度漸引入醄醄醉鄉深處卧聽江頭畫船喧韻鼓

女冠子 雪景 或刻柳耆卿

同雲密布撒梨花柳絮飛舞樓臺悄似玉向紅爐煖閣院宇深沉廣排筵會聽笙歌猶未徹漸覺輕寒透簾穿戶亂飄僧舍密灑歌樓酒帘如故　想樵人山徑迷蹤路料漁父收綸罷釣歸南浦路無伴侶見孤村寂莫招颭酒旗斜處南軒孤雁過嚦嚦聲聲又無書度見臘梅枝上嫩蘂兩兩三三微吐

片玉詞補遺

片玉詞跋

美成于徽宗時提舉大晟樂府故其詞盛傳于世余家藏凡三本一名清真集一名美成長短句皆不滿百闋最後得宋刻片玉集二卷計調百八十有奇晉陽强煥為序余見評注龐雜一一削去釐其訛謬間有茲集不載錯見清真諸本者附補遺一卷美成庶無遺憾云若乃諸名家之甲乙久著人間無待予備述也湖南毛晉識

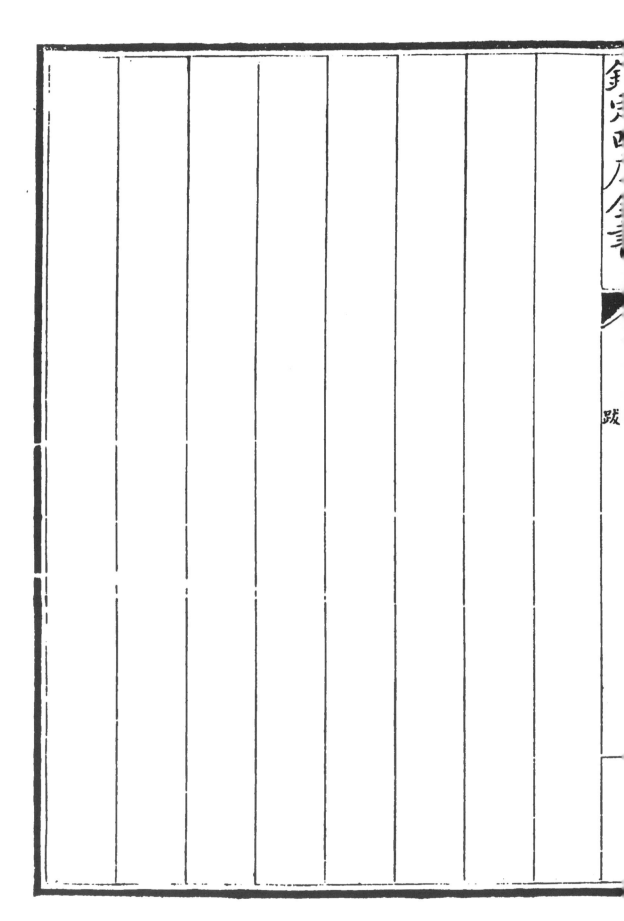

仿古版文淵閣四庫全書

集部・片玉詞卷上下

編纂者◆（清）紀昀　永瑢等
董事長◆施嘉明
總編輯◆方鵬程
編印者◆本館四庫籌備小組
承製者◆博創印藝文化事業有限公司

出版發行：臺灣商務印書館股份有限公司
台北市重慶南路一段三十七號
電話：(02)2371-3712
讀者服務專線：0800056196
郵撥：0000165-1
網路書店：www.cptw.com.tw
E-mail：ecptw@cptw.com.tw
網址：www.cptw.com.tw

局版北市業字第 993 號
初版一刷：1986 年 5 月
二版一刷：2010 年 10 月
三版一刷：2012 年 10 月
定價：新台幣 900 元　A7620256

國立故宮博物院授權監製
臺灣商務印書館數位製作

ISBN 978-957-05-2774-2

國家圖書館出版品預行編目 (CIP) 資料

欽定四庫全書．集部：片玉詞．卷上下／（清）紀昀，永瑢等編纂．-- 三版．-- 臺北市：臺灣商務，2012. 10

面；　公分

ISBN 978-957-05-2774-2（線裝）

1. 四庫全書

082.1　　101019729